NOTICE

SUR

M. Adolphe MOREAU

1879

M. Adolphe MOREAU.

Les journaux de la Meuse ont annoncé la mort de M. Adolphe Moreau, ancien représentant de ce département à l'Assemblée constituante ; la Société d'agriculture de l'arrondissement de Commercy et les anciens députés du pays ont, par leurs organes les plus accrédités, témoigné des services qu'il lui avait rendus de tant de façons différentes. Nous voulons joindre nos regrets à ceux qu'ils ont exprimés sur sa tombe ; on ne vient jamais ni trop tôt ni trop tard pour parler d'un homme de talent et d'un homme de bien.

M. Moreau est né à Bar-le-Duc et il est mort dans sa soixante-dix-neuvième année. Il portait dignement le nom d'un aïeul qui a marqué dans l'histoire de la science médicale par les procédés dont il a enrichi la chirurgie, et d'un père qui a été pendant quarante années le pra-

ticien le plus renommé de la Lorraine. Il sem-
blait destiné à hériter de leur notoriété et à la
continuer ; doué par la nature des plus heu-
reuses facultés, il s'y était préparé par des
études classiques suivies, avec un succès qu'at-
testent les annales des concours, au collége
Henri IV, à Paris, sous des maîtres qui, comme
M. de Wailly père, M. Laya et M. Naudet,
étaient, dès ce temps-là, des illustrations des
lettres latines et des lettres françaises. C'étaient
des présages qu'il apportait dans la carrière où
il entrait pour s'y former par les exemples et
les leçons du foyer ; mais à peine y avait-il fait
les premiers pas, que des événements, avec
lesquels il n'avait pas dû compter, l'obligèrent
à y renoncer ; il quitta la ville pour les champs,
les instruments qu'avaient maniés ses pères
pour la charrue, et se mit à cultiver un domaine
qui appartenait à sa famille. Il fallait y aider
la nature ; tout y était à faire et il le fit, mais
lentement, avec mesure et avec discernement ;
il sut rompre résolûment avec la routine, en
introduisant, dans sa culture, après les avoir
mis lui-même à l'essai, les perfectionnements
qu'avaient révélés l'étude et la science, et
qu'avaient confirmés l'expérience et le temps.
Le succès ne tarda pas à le payer avec usure
de ses peines et de ses sacrifices : un bétail
florissant et de riches récoltes en furent la
récompense. En peu d'années le domaine de
Morville était devenu la ferme modèle de la
contrée. Pleins de confiance dans les résultats
que son propriétaire y avait obtenus et que
chacun pouvait, en tout temps, contempler de
ses yeux, les agriculteurs étaient venus y

prendre, à leur tour, les pratiques dont il y avait ainsi constaté la valeur et la supériorité. Membre de la Société d'agriculture de Commercy, dont il était le doyen et a si longtemps partagé la présidence avec l'honorable M. Bazoche, M. Moreau a, en s'y associant aux efforts des agriculteurs habiles et des gens de bien qui la composaient, aidé au renouvellement de l'agriculture de la contrée par l'agencement raisonné des cultures, l'extension des prairies artificielles, la création plus abondante des engrais, l'emploi des instruments nouveaux de labourage, l'accroissement des produits du sol et l'amélioration continue du bétail. Grâce à l'influence toute naturelle et toute-puissante des exemples et des conseils qui s'en appuient, il était devenu un des hommes les plus écoutés et les plus honorés du pays. Aussi, quand après les événements de 1848, il s'est agi de choisir les hommes qui représenteraient le département de la Meuse à l'Assemblée constituante, tous les regards se tournèrent vers lui : il résista longtemps au vœu de ses amis et de ses concitoyens ; on en appela à son dévouement ; il céda, et fut, presque malgré lui, nommé le troisième sur huit des représentants que le département de la Meuse avait à élire.

Il rencontra, dans cette Assemblée, des hommes avec lesquels il s'était assis sur les bancs du collége, et qui, entrés jeunes encore dans le parlement, y étaient devenus des serviteurs considérables du pays et même des gloires de la tribune. Leur idéal était le gouvernement représentatif ; amis également résolus de l'ordre et de la liberté, ils formaient le noyau de ce qu'on appela d'abord le parti modéré ; ce parti, aux jours des votes décisifs, comprenait les deux tiers de l'Assemblée ; il avait, pour chefs, ceux du parti libéral dans les dernières Assemblées de la Monarchie de juillet, et pour homme d'action le général Cavaignac. M. Moreau prit place dans ses rangs et suivit jusqu'au bout sa destinée.

A la dissolution de l'Assemblée constituante, il déclina, malgré tous les efforts qu'on fit pour vaincre encore une fois sa résistance, toute candidature à l'Assemblée législative ; il rentra dans la vie privée, et, dans cette retraite de Morville où il vivait au milieu des champs qu'il avait si longtemps labourés, satisfait de n'être plus que le témoin d'une culture qui continuait la sienne et à laquelle il contribuait encore, en la conseillant.

Là, dans un intérieur aussi paisible que simple et modeste, il pratiquait, sans bruit, sans éclat, mais sans mystère, dans les sentiments et dans les habitudes d'une foi qui ne s'étale ni ne se cache, les vertus du patriote et du chrétien.

Il ne s'est pas trouvé un homme plus ferme de principes et de caractère, plus doux de parole et d'allure, plus charitable et plus désintéressé. Ce colosse qui vous imposait d'abord par sa haute stature, sa physionomie grave et son austère maintien, soit défiance de lui-même, soit prévention favorable pour les autres, avait, lorsqu'il ne s'agissait pas de se prononcer et d'agir, la timidité et la réserve d'un enfant. Sévère pour lui seul, indulgent

pour tous, il ne refusait pas un égard, il n'aurait
pas laissé échapper une prétention ; il y avait
deux choses au préjudice desquelles il ne se
serait jamais permis de transiger, la justice et
le désintéressement. Libéral autant et peut-être
plus que personne, il professait, au plus haut
degré, le respect de l'autorité et de la tradition ;
les sentiments qui lui venaient des générations
dont était sortie la sienne, qui avaient passé
par ses pères pour venir à lui, faisaient partie
de son culte domestique.

Ce laboureur, qui n'était pas né dans une
ferme et qui n'avait mis que tard le pied dans
la vie des champs, quoiqu'il n'eût pas eu le
temps de lire beaucoup, était, cependant, un
esprit cultivé ; il n'avait pu tout étudier, mais
ces classiques français ou latins, qu'il avait
maniés sur les bancs du collége et qui avaient
fait le charme et l'admiration de sa jeunesse,
étaient fidèlement restés dans sa mémoire. Si
vous l'aviez trouvé à sa charrue et si vous lui
aviez parlé de l'abondance qui régnait autour
de lui, il vous aurait répondu par les paroles
que l'historien latin met dans la bouche du
vieux romain : Que son fonds était son trésor,
et qu'il en tirait ce qu'on appelait ses richesses.
Sobre de paroles, il savait, cependant, quand
il le voulait, donner un tour piquant à la
conversation ; les sujets qui tenaient aux lettres
éveillaient chez lui la verve ; si l'opposition
des doctrines le mettait aux prises avec un
interlocuteur, il engageait volontiers la lutte ;
alors il menait vigoureusement la controverse
et l'assaisonnait de souvenirs classiques, pour
mettre, par des exemples, l'avantage de son

côté. Horace ou Virgile, Cicéron ou Bossuet, Corneille, Racine ou Molière lui revenaient au bon moment, la citation s'offrait d'elle-même et appuyait de son autorité l'argument auquel vous hésitiez à vous rendre, ou la raison triomphante qu'il vous faisait accepter.

Sa plume valait sa parole et rendait avec une aussi vive lumière et une égale fermeté sa pensée. Rien d'inutile ou de redondant dans ce qu'il écrivait ; il ne connaissait pas les hors-d'œuvre et allait droit au but. Il ne courait pas après l'effet ; mais souvent il le trouvait sans le chercher. Chez lui le style était bien l'homme, et, suivant le mot de Fénelon, qu'il aimait à rappeler : Il ne se servait de la parole, comme un homme modeste de son habit, que pour se couvrir. Un sentiment élevé, une expression élégante et nette, et surtout une déduction logique des idées, prêtaient à ses allocutions, à ses rapports et même à ses simples lettres un attrait et une force qui rangeaient, sans peine, aux opinions qu'il voulait faire prévaloir, tous ceux qui l'entendaient ou le lisaient.

A ces heureux dons de l'esprit, il joignait, à un haut degré, ceux du cœur, et alliait, dans sa vie, ce rare bon sens, qui était le trait propre de son caractère et ces simples vertus qu'il pratiquait, sans ostentation, tous les jours. Il n'y eut jamais un conseiller plus bienveillant, un ami plus sûr, un maître plus doux, un homme qui sût avec moins de bruit servir et obliger.

Il n'y eut nulle part un toit plus hospitalier que le sien, une assistance plus prévenante,

plus ingénieuse et plus discrète que la sienne.
Sa parole ne fit jamais une blessure, et plus
d'un lui dut l'estime en laquelle l'a fait prendre
son témoignage. Représentant du peuple dans
un temps où les périls menaçaient la France,
au-dehors comme au-dedans, et l'un de ceux
qui surent lui maintenir l'ordre et la liberté,
et la maintenir elle-même en paix avec
l'Europe ; promoteur du progrès dans cette
science, la première de toutes, dont la mission
est de faire vivre la société ; enfin, homme de
bien, sous toutes les formes que peut revêtir
la charité, il laisse après lui un nom dont il a
accru le lustre et qui mérite de rester en
honneur dans le pays.